한국 상상의 동물들

Korean Fantastic Animals

SKY

글과 그림

이 혜리

H

한국 상상의 동물들

하늘편

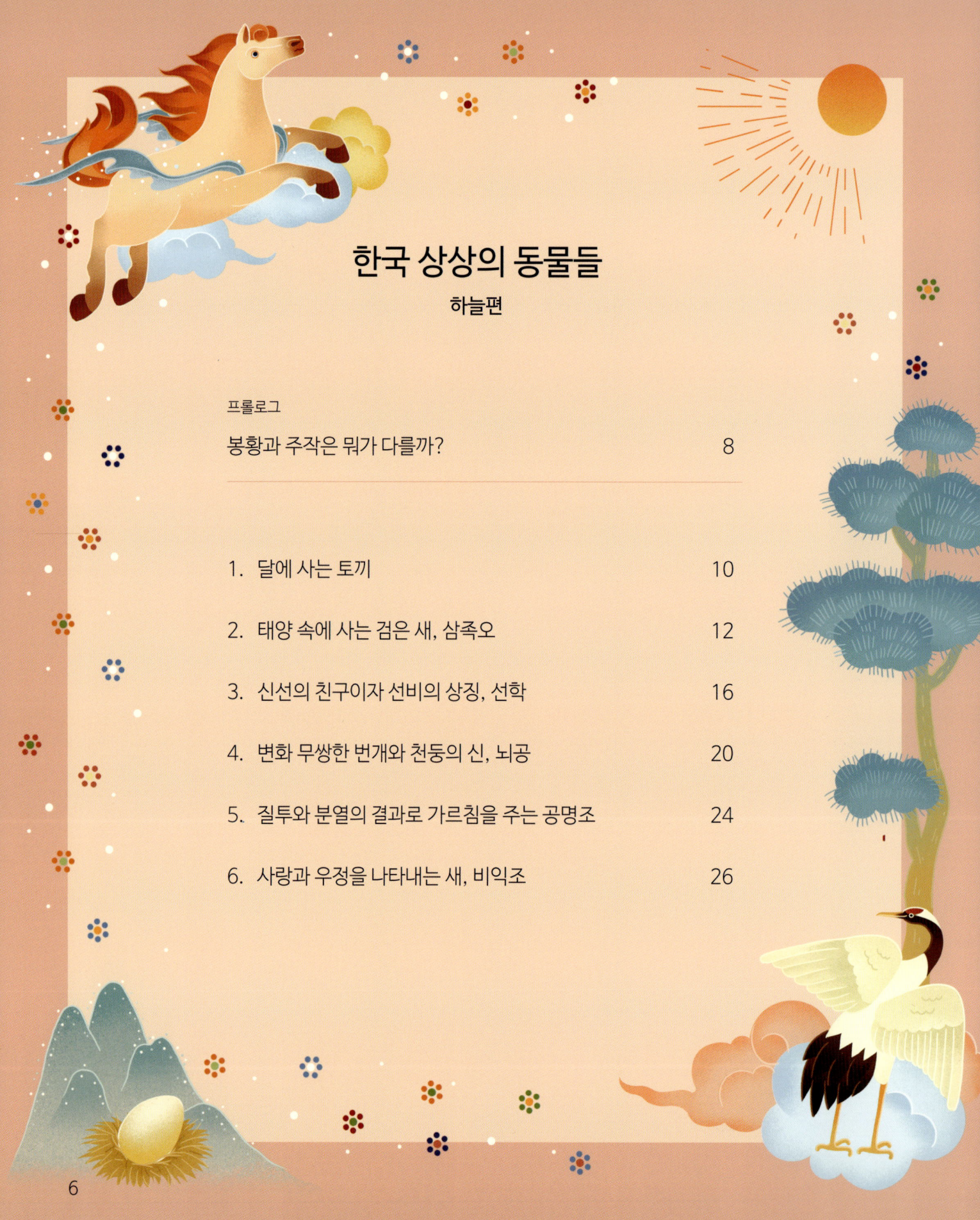

프롤로그

봉황과 주작은 뭐가 다를까?

상상의 동물들은 각각이 동물들이 상징하는 바에 따라 아주 다양한 이미지와 의미를 가집니다. 예를 들어, '봉황'과 '주작'은 비슷한 새 종류일 것이라 생각되겠지만, 조금 더 자세히 본다면 이 둘은 절대 비슷하지 않습니다. 봉황과 주작의 차이점을 보려면 이 동물들의 탄생 배경이 되는 동아시아의 전통 철학과 종교, 사상 등을 유심히 살펴보아야 합니다.

봉황과 주작은 동양을 대표하는 유교, 불교, 도교의 삼교 중에 각각 유교와 도교를 기반으로 탄생한 상상의 동물입니다. 봉황이 유교에서 중요하게 생각하는 가치인 인의예지를 상징한다면, 주작의 경우에는 도교가 지향하는 불로장생의 의미를 많이 담고 있습니다.

이처럼 두 동물이 상징하는 것이 다르므로, 한국 전통 예술에서는 두 동물이 그려지거나 새겨진 위치 또한 다릅니다. 유교적 가치를 상징하는 봉황은 왕의 어진 정치를 상징하기 위해 궁궐 장식에 많이 활용되었고, 도교적 가치를 상징하는 주작은 사악한 기운을 물리친다는 '벽사'의 의미를 살려 무덤에 그려졌습니다. 이렇듯 각각 대표하는 사상이 다르기 때문에 두 동물이 한국 전통에서 가지고 있는 위치는 큰 차이점을 가집니다.

어떤 신화 속 상상의 동물들을 자세히 살펴보면 그 동물들을 상상했던 사람들의 역사와 사상, 문화를 보다 깊이 살펴볼 수 있습니다. 마찬가지로, 한국의 역사와 사상, 철학의 근원을 폭넓게 이해하려면 우리 문화속에서 등장하는 상상의 동물들을 공부하는 것이 좋은 방법이 될 수 있습니다. 우리보다 앞서 우리 땅에 살았던 사람들이 상상한 동물들을 살펴보면서, 우리는 한국의 철학과 문화를 배우고, 나아가 시대의 이상향, 정치, 경제 등을 좀 더 쉽게 이해하고 엿볼 수 있을 것입니다.

이 책을 읽으며, 잊혀질 위기를 겪고 있는 상상의 동물들을 우리 마음속에 되살리고 우리의 사상과 철학을 다시 한번 둘러볼 수 있었으면 좋겠습니다.

儒

생김새

달 속에 사는 흰색 토끼는 한 마리만 등장할 때도 있고, 두 마리가 같이 나올 때도 있습니다. 두 마리 달토끼는 보통 암수 한 쌍으로 묘사되고 사람처럼 서서 절굿공이로 무언인가를 찧고 있는 것으로 표현됩니다.

달에 사는 토끼

밤하늘에 떠 있는 밝은 달은 예나 지금이나 사람들의 영감을 자극합니다. 1924년에 윤극영이 작사, 작곡한 〈반달〉이라는 동요는 달을 하얀 쪽배에 비유하고 있는데, 가사에 따르면 달에는 토끼 한 마리가 살고 있다고 합니다. 이처럼 우리나라를 포함한 아시아 국가에서는 하얀 달을 보고 옥토끼, 은토끼라고도 불리는 달에 사는 토끼를 떠올렸습니다.

토끼가 만드는 것

현대에는 많은 사람들이 달에 사는 토끼가 절구질을 하면서 떡을 찧는 것으로 알고 있지만, 사실 이 토끼는 약초를 짓이겨 신선이 만든다는 장생불사의 영약인 선단을 빚는 것으로 전해집니다. 민화에서는 의인에게 이 선단을 먹여 그 의인을 살리는 것으로도 나옵니다.

같이 등장하는 계수나무와 달두꺼비

달에 사는 토끼는 종종 두꺼비, 계수나무와 함께 달에 사는 것으로 그려지기도 하는데, 이는 도교의 신선 사상에 영향을 받은 것입니다. 양을 상징하는 토끼와 음을 상징하는 두꺼비를 함께 그려서 음양의 조화를 표현하고, 상처가 나도 썩지 않고 잘 아무는 것으로 알려진 계수나무는 불로장생을 염원하는 의미로 그려집니다.

토끼와 달의 관계

그렇다면 토끼는 왜 달에 살고 있는 것으로 비유될까요? 그것은 달과 토끼가 모두 다산을 상징하기 때문입니다. 달은 음의 기운과 여성을 상징하는데, 이 때문에 새끼를 많이 낳는 토끼와 함께 등장하게 되었습니다.

태양 속에 사는 검은 새, 삼족오

옛날 사람들은 달에 토끼와 두꺼비가 살았다면, 태양에는 삼족오가 살았다고 믿었습니다. 삼족오의 ‘오’자에 대해서는 ‘까마귀’라고 보는 설과, ‘검다’라고 보는 설이 공존합니다. 그 이유는 ‘오’자를 ‘까마귀’라는 뜻으로도, ‘검다’라는 뜻으로도 모두 해석할 수 있기 때문입니다. 삼족오의 기원에 대한 과학적인 추측으로는 바로 태양의 흑점을 보고 만든 것이라는 설이 있습니다.

생김새

삼족오는 보통 세 발 달린 검은 새로 묘사됩니다. 삼족오의 ‘오’가 보통 ‘까마귀’로 읽히기 때문에 혼동하는 경우가 많지만, ‘오’의 다른 뜻인 ‘검다’를 생각하면 삼족오는 특정한 새를 닮았다기보다는 그저 ‘검은 새’로 이해하는 게 좋습니다. 삼족오는 한국 뿐만 아니라 중국과 일본에도 존재하는데, 한국의 삼족오는 다른 나라의 삼족오와 달리 머리에 공작처럼 동그랗게 말린 벼슬이 달려있습니다. 한국 삼족오의 벼슬은 국가 통치조직에서 나랏일을 담당하는 직무나 직위를 상징합니다.

사는 곳

태양은 너무 빛나는 행성으로, 맨눈으로 자세히 보려고 해도 그 빛 때문에 검은색으로밖에 보이지 않습니다. 그것을 보고 고대인들은 태양 속에 검은 새가 살고 있다고 생각했을 것입니다.

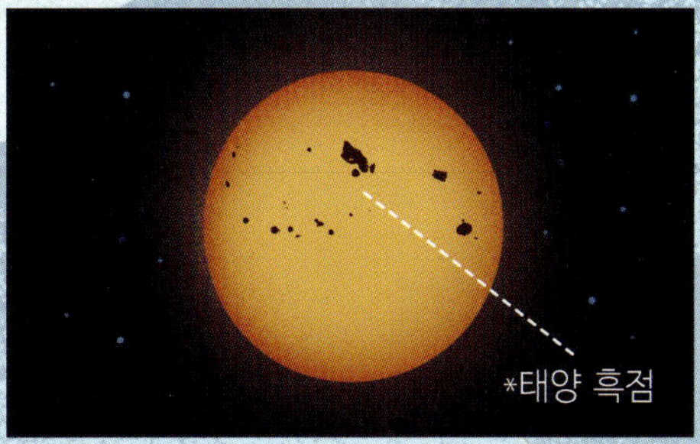

상징

삼족오는 고구려의 문화 유물에 자주 나타나는 상징으로, 고구려 민족의 태양 숭배와 신화적 표상에 깊이 연관되어 있습니다. 그래서 삼족오는 태양뿐만 아니라 고구려를 상징하기도 합니다.

까마귀와 정월대보름

『삼국유사』에 기록된 '사금갑(거문고 갑을 쏘라)' 설화에 따르면, 까마귀는 신하들의 암살 시도가 있을 것을 왕에게 경고하여 왕의 생명을 구하는 중요한 역할을 합니다. 왕은 감사의 마음을 담아 정월대보름을 오기일로 정하고 이를 기념하여 찹쌀을 지어서 제사를 지냈습니다. 이 의식은 삼족오에 대한 신화적인 숭배에서 비롯된 것으로 볼 수 있습니다.

태양에 사는 삼족오와 달에 사는 토끼는 무엇이 다를까?

삼족오는 태양의 흑점을 상상해서 만들어진 동물입니다.	**삼족오와 달토끼** 삼족오와 달토끼의 탄생 과정에서 조상들의 상상력을 엿볼 수 있습니다.	달토끼는 달의 독특한 무늬를 보며 상상해서 만들어진 동물입니다.
삼족오는 홀로 등장합니다.	**함께 등장하는 동물이나 식물**	달토끼는 두꺼비, 계수나무, 다른 토끼와 함께 등장합니다.
태양이 양을 상징하듯, 삼족오도 양 그리고 남성을 상징합니다.	**동물이 각각 상징하는 것들**	달의 상징과 같이, 달토끼도 음과 여성을 상징합니다.
숫자 3을 길하게 여겨서 3개의 다리를 가진 새로 그려집니다.	**동물들의 서로 다른 특징**	약초를 짓이겨 선단을 만들기 위해 절구와 함께 그려집니다.

선학의 생김새

현실에서의 두루미는 온몸이 흰색이고 검은 꼬리를 가지고 있지만, 상징으로서의 학은 그림 속에서 여러 가지 색으로 표현합니다.

주로 청·홍·흑·백·황(푸른색·붉은색·검은색·흰색·노란색)의 오방색을 사용하여, 푸른 색의 청학, 흰 색의 백학, 검은 색의 흑학, 노란색의 황학으로 표현합니다. 또, 신선을 상징하기 때문에 신선과 함께 등장하기도 하는데, 학을 타고 있는 신선은 승학신선이라고 부릅니다.

신선의 친구이자 선비의 상징, 선학

두루미의 다른 이름이기도 한 학은 조선시대 선비들을 상징하는 유교적인 새이면서도, 신선들이 타고 다니는 도교적 새인 선학으로도 묘사되었습니다.

우리나라에서 학은 실재하는 새임에도 매우 신비한 존재로 여겨졌고, 우리나라의 그림, 시 등 여러 문학 및 예술 작품을 통해 이러한 학의 신비롭고 상징적인 이미지를 표현하고 있습니다.

선학의 나이

선학은 나이가 들어가면서 모습이 바뀐다는 말이 있습니다. 학이 천년을 살면 청학, 천년을 더 살면 황학으로 변한다고 합니다.

군자의 상징

긴 목과 다리에 온몸이 하얀 학은 청렴결백한 선비를 상징합니다. 그래서 학은 문관의 관복 흉배에 장식되기도 했습니다. 조선시대 영조 시기 이후에는 학의 숫자와 문양을 달리하는 방식으로 문관의 계급을 나타냈습니다.

여러 춤에 사용된 학

학은 춤에도 많이 활용되는 동물이었습니다. 궁중에는 학으로 분장한 사람이 의례에서 춤추기도 했고, 조선 후기부터는 민속춤으로 학이 움직이는 모습을 모방한 '학춤'을 추기도 했습니다.

하늘에서 땅을 향해 내려오는 춤사위

먹이를 찾아 걷는 춤사위

장수의 상징

우리나라는 열 가지 동물과 사물을 십장생으로 부르며 장수의 상징으로 여깁니다. 십장생의 종류에는 약간의 차이가 있지만, 학은 사슴, 거북과 함께 '오래사는 동물'로 여겨져 십장생의 일원으로 항상 포함되어 있습니다. 사슴이 땅을 상징하고, 거북이 물을 상징한다면, 선학은 하늘을 상징합니다.

변화 무쌍한 번개와 천둥의 신, 뇌공

천지가 진동하는 듯한 천둥번개 소리는 인간들에게 두려움을 줬지만, 귀신들이 가장 싫어하는 소리로도 여겨졌습니다. 그래서인지 천둥과 번개를 내리는 상상의 존재인 뇌공은 선하게도 그려졌다가 악하게도 그려지기도 하였고, 민간신앙에서는 기우제를 비는 대상으로 삼기도 했습니다. 이처럼 뇌공은 다양한 성격을 가진 신비의 존재로 그려집니다.

불화에 표현된 뇌공

불교 경전의 내용을 그림으로 옮긴 불화에서 뇌공은 대체로 번개로 사람들을 벌하는 모습을 하고 있습니다. 하지만 부처님의 일대기를 담은 감로탱화에서는 시간이 지나면서 점점 이로운 존재로 그려지거나, 배고픔이나 갈증에 고통받는 영혼들에게 이슬을 전해주는 모습으로 나타납니다.

다른 나라의 번개신

천둥과 번개의 신은 동서고금을 막론하고 존재합니다. 북유럽 신화에는 묠니르라는 철퇴를 휘둘러 거인족과 싸우는 '토르'가, 그리스·신화에는 독수리와 함께 벼락을 손에 든 모습으로 등장하는 올림푸스 제1의 신, '제우스'가 존재합니다. 또, 남아메리카의 고대 마야 문명에는 번개의 힘으로 왕의 취임식이나 전쟁에 힘을 실어주는 뱀 다리를 가진 신, '카윌'이 존재합니다.

나라마다 다른 생김새

우리나라에서 뇌공은 푸른색 먹구름과 함께, 새의 부리와 박쥐처럼 큰 귀에 박쥐 날개를 지닌 형태로 그려졌습니다. 혹은 8개의 북을 두르고 나타나는 모습으로도 그려졌습니다. 중국의 뇌공은 동물의 모습을 하고 있지만 날개가 없고, 여러 개의 북을 원형으로 연결한 연고를 두드리며 등장합니다. 일본의 뇌신 '라이진'은 중국과 비슷한 생김새에 수호신의 얼굴을 하고 있습니다.

질투와 분열의 결과로 가르침을 주는 공명조

공명조는 '운명공동체'를 상징하며, 우리에게 질투와 분열을 피하고 화합하여야 한다는 교훈을 전합니다. 『불본행집경』에는 공명조의 한쪽 머리인 '가루다'는 몸을 위해 좋은 꽃을 챙겨먹었지만, 다른쪽 머리인 '우파가루다'는 자기 몰래 맛있는 음식을 먹은 것을 질투한 나머지 독이 든 꽃을 몰래 먹어 결국 모두가 죽게 되었다는 이야기가 나옵니다. 이 설화에서 파생된 사자성어 '공명지조'는 경쟁자를 없애면 다른 한쪽이 편안해질 것으로 생각하지만 그 결과는 결국 공멸로 이어진다는 뜻을 가지고 있습니다.

생김새

공명조는 불교 속 상상의 동물로, 몸 하나에 머리가 둘이 달린 새의 형상을 하고 있습니다. 일부 학자들은 공명조를 독수리와 닮았다고 보기도 하고, 자고새나 꿩의 모습일 것이라 추측하기도 합니다. 혹은 사람의 얼굴로 표현되기도 합니다.

사랑과 우정을 나타내는 새, 비익조

예나 지금이나 사랑과 우정은 사람이 가질 수 있는 가장 아름다운 감정이 아닐까 합니다. 상상의 동물 중에 비익조는 바로 이런 사랑과 우정의 아름다움을 상징합니다.

생김새

비익조는 생김새는 까치, 물오리 등 주변의 흔한 새와 비슷하게 묘사되고 있습니다. 언뜻 들으면 별 특징이 없다고 생각할 수도 있지만, 이 새는 혼자서 날 수 없는 생김새를 가졌습니다. 암컷과 수컷에 눈과 날개가 각각 하나씩 있어서 혼자서는 아무것도 할 수 없고, 짝을 지어야 날 수 있는 새가 바로 비익조입니다.

상징

암수 한 쌍이 함께 있어야 날 수 있다는 특징으로 인해, 비익조는 부부 사이의 아름다운 사랑을 상징합니다. 연인과의 그리움, 애틋함을 나타내기도 했고, 친구 사이의 우정을 상징하기도 했습니다.

다양한 사랑의 상징들

사랑을 상징하는 것은 비익조만 있지 않았습니다. 땅에는 다른 뿌리에서 나왔지만 한 나무가 되는 '연리지', 물에는 한쪽 눈만 있어 서로 의지하고 살아가는 '비목어'가 있었습니다. 모두 혼자서는 살아가지 못하고, 둘이 하나가 되어야 살아갈 수 있다고 묘사됩니다.

공명조와 비익조는 무엇이 다를까?

공명조와 비익조가 가지는 의미는 사람들의 다양한 관계와 감정을 표현하기 좋습니다. 이런 점 때문에 비유로 자주 사용되어 여러 매체에 등장합니다. 공명조와 비익조의 공통점과 차이점을 이해하면 비유에 함축되어 있는 의미를 더 깊게 이해할 수 있습니다.

 공명조는 하나의 몸통에 머리가 둘이 달린 모습입니다.	**비슷해 보이는 공명조와 비익조의 차이점**	 비익조는 머리 하나에 몸통은 절반만 있는 모습입니다.
 일심동체의 필요성을 나타냅니다.	**전혀 다른 공명조와 비익조의 상징**	 둘이 한 몸처럼 움직이는 사랑을 나타냅니다.

공명조와 비익조가 함께 살아가는 곳

불교에서 이상향으로 이야기되는 곳인 극락에는 흰 고니 · 공작 · 앵무새 · 사리새 · 가릉빈가 등 많은 상상의 동물들이 살아갑니다. 공명조와 비익조도 극락에 살면서, 가릉빈가나 다른 새들과 함께 화장하고 우아한 소리로 노래한다고 합니다.

나쁜 기운을 쪼아 없애버리는 새, 삼두일족응

우리 조상들은 복을 불러들이는 것만큼 액운을 물리치는 것 또한 중요하게 생각했습니다. 무속 신앙에서는 인간에게 9년 주기로 돌아오는 3가지 재난인 삼재를 특히 방지하려고 큰 노력을 기울였습니다. 민간에서는 부적을 집에 붙여서 액운을 방지하려고 노력했는데, 부적에 자주 등장하는 동물이 바로 삼재를 쪼아 없애는 삼두일족응입니다.

재난과 매

소방청 로고에 그려져 있는 새는 '새매'로, 주위를 경계하다가 사고가 발생하면 새매처럼 신속하게 날아가서 소중한 인명을 구하고 힘차게 비상하라는 의미를 담고 있습니다. 마찬가지로 범죄를 예방하기 위한 기구인 경찰청의 로고에도 '새매'가 그려져 있습니다. 이처럼 매는 재빠르고 시력이 좋아 재난을 물리치고 사고를 예방하는 동물로 여겨졌습니다. 신비한 새매인 삼두일족응 역시 머리마다 각각 수재, 풍재, 화재를 살피다가 재난이 발생하면 이를 쪼아 없앤다고 합니다.

경찰 POLICE

소방청
National Fire Agency 119

생김새

삼두일족응은 매의 형상으로 3개의 머리에 다리는 하나로 그려지는데, 주둥이와 발톱을 유난히 강조해서 그려져 있습니다. 매는 새 중에서도 사납기로 유명하다고 알려져 있는데, 이런 특성 때문에 액운을 쪼아 없애 버리는 새로 적합하다고 여겼기 때문인 것 같습니다.

부적으로 사용되다

액운인 삼재를 쪼아 없애준다고 믿었던 삼두일족응은 부적으로 많이 사용되기도 했습니다. 주로 삼재의 액운이 시작되는 해에 출입하는 방문 위에 붙여두었습니다.

천상의 목소리로 노래하는 가릉빈가

상상 속의 낙원은 어떤 곳일까요? 불교 경전 『아미타경』에 따르면, 불교에서 낙원이라고 일컬어지는 '극락'은 아름다운 목소리의 새들이 노래하는 곳으로 묘사되는데, 그중에는 '가릉빈가'라는 극락조도 함께 노래한다고 합니다. 이 때문에 불교 경전 속에서는 부처님의 자비로운 음성을 비교할 때 가릉빈가에 빗대어 자주 표현했다고 합니다.

가릉빈가가 들고 있는 것들

가릉빈가는 주로 비파, 생황, 장고 등 전통악기를 들고 등장합니다. 그리고 가끔 장수를 상징하는 천도복숭아를 공양물로 들고 있는 것으로 표현되기도 합니다.

상징

가릉빈가는 사람의 머리와 손을 가지고 있고, 몸에는 비늘이 달려있으며, 날개와 몸은 새의 형태로 깃털을 가지고 있다고 묘사됩니다. 옛 그림에서는 머리 위에 깃털 달린 화관을 쓴 채 악기를 들고 노래 부르는 모습으로 등장합니다.

다양한 문화에 등장하는 가릉빈가

가릉빈가와 같이 사람의 형상과 새의 형상이 합해진 형태의 상상속 동물은 다양한 문화 속에 다양한 형태로 등장합니다. 가톨릭에서 하느님의 뜻을 전달하는 날개를 단 천사도 그렇고, 그리스 신화에서 사랑을 이어주는 날개 달린 큐피드도 그렇습니다.

하늘을 나는 말, 천마

경주 천마총은 '천마의 무덤'이라는 뜻으로, 하늘을 나는 신비로운 말인 천마가 그려져 있기 때문에 이러한 이름이 붙었습니다. 동양에 천마가 있다면, 서양에서는 날개를 단 신마인 '페가수스'가 있습니다. 천마는 페가수스처럼 날개가 달려있기도 하지만, 날개 없이 하늘을 나는 모습으로도 묘사됩니다.

중국의 신비한 말들

한국의 천마

중국의 신비한 말들과 한국의 천마

천마는 동아시아의 신화적 동물을 소개하는 중국의 고서『산해경』에도 등장하는데, 말보다는 날개를 단 개와 비슷한 형상이라고 소개합니다. 또, 중국 신화에는 유교 경전인『주역』의 원리를 설명해 주는 그림인 '하도'를 짊어진 '용마'가 등장합니다. 이처럼 중국의 신화에 등장하는 신비한 말은 말 그 자체보다는 다른 동물의 모습이 섞여 있습니다. 반면, 한국의 고분에서 발견되는 천마들은 '말' 그 자체를 묘사하였습니다.

신라의 시조와 천마

천마는 영웅이나 제왕의 탄생을 알리는 존재로 알려져 있습니다. 이런 모습은『삼국유사』에 묘사된 신라의 시조 박혁거세 설화에 잘 묘사되어 있는데, 이 이야기에 등장하는 백마가 바로 천마입니다.

천마의 상징

천마는 영웅이나 제왕의 탄생 외에도 하늘의 뜻을 전달하거나, 경주 대릉원 천마도 그림에서처럼 죽은 자의 영혼을 태우고 하늘로 인도하는 역할을 하는 것으로도 나옵니다. 이 밖에도 천마가 나타나면 그 해에는 풍년이 든다는 이야기도 전해집니다.

남쪽을 다스리는 벽신, 주작

주작은 붉은 새라는 뜻을 가지고 있기 때문에 주조로도 불렸으며, 동쪽의 청룡, 서쪽의 백호, 북쪽의 현무와 함께 남쪽을 다스리는 사신 중의 하나라고 알려져 있습니다. 주작의 원형은 봉황에서 찾을 수 있다고 합니다.

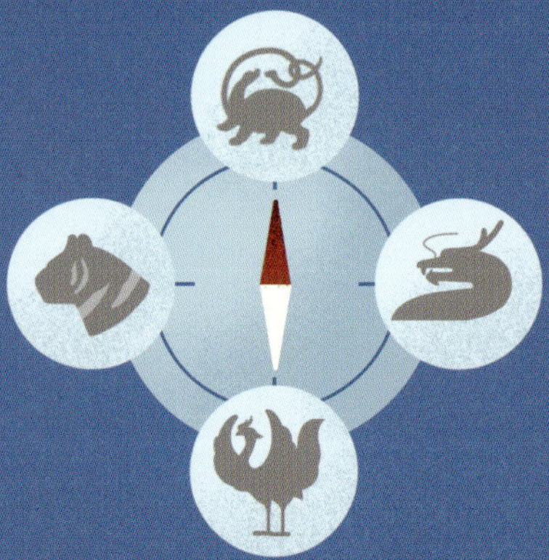

생김새

봉황의 모습과 비슷한 6척 정도의 커다란 붉은 색 새로 묘사됩니다. 닭의 머리, 뱀의 목, 제비턱, 거북의 등, 물고기 혹은 공작의 꼬리를 가졌다고 합니다.

상징

주작은 붉은 깃털을 가지고 있어서 불을 상징하며, 계절로는 뜨거운 여름, 방위로는 더위가 긴 남쪽을 상징합니다. 또한 다른 사신들과 같이 오래 살고 죽지 않는 장생불사를 상징하기도 하고, 성별로는 남성을 상징하기도 합니다.

생김새의 변화

샷됨을 물리친다는 의미의 '벽사'를 기원하여 주로 무덤에 그려져 있던 주작은 고구려 초기에는 닭의 모습으로 묘사되었습니다. 그러다가 이후에는 화려한 모습으로 바뀌기도 하였으며, 조선 후기에는 한자 '참새 작'의 의미에 착안하여 '참새'의 모습으로 그려질 때도 있었습니다.

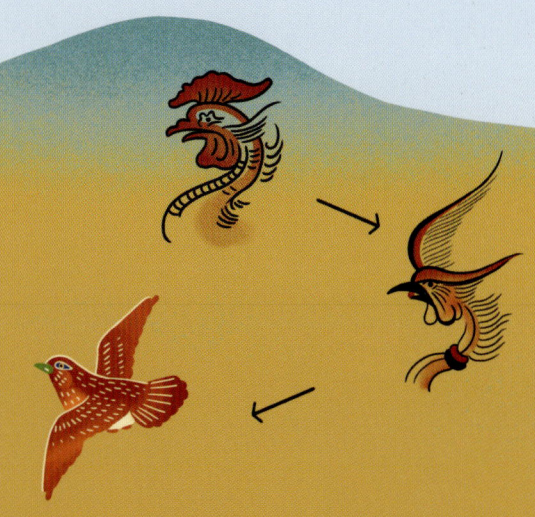

태평성대를 상징하는 새, 봉황

백수의 왕이 '호랑이'이고, 꽃 중의 왕이 '모란'이라면, 새 중의 최고는 '봉황'이라는 이야기가 있습니다. 그만큼 한국 사람들이 가장 으뜸으로 생각하고 좋아하는 새가 바로 봉황입니다. 봉황은 수컷인 '봉'과 암컷인 '황'을 합해 봉황이라고 부르는 한 쌍의 환상 속 새입니다. 나라가 평안할 때에 나타나서 태평성대와 임금의 어진 정치를 칭송한다고 합니다. 봉황은 무궁화꽃과 함께 대한민국 대통령 휘장에도 사용되는 만큼 현대에도 사랑받는 환상의 새입니다.

봉황의 고귀한 습성

봉황은 다른 새들과는 다르게 아무리 배가 고파도 조를 쪼아먹지 않고, 대나무 열매만 먹고, 오동나무에만 앉아서 휴식을 취하는 고귀한 습성을 가졌다고 합니다. 이는 청렴하고 고귀한 군자, 어진 성군을 상징하는 것으로 알려져 있습니다.

*죽미(대나무 열매)

생김새

봉황은 기러기의 앞모습, 기린의 뒷모습, 뱀의 목, 물고기의 꼬리, 황새의 이마, 원앙의 깃, 용의 무늬, 호랑이의 등, 제비의 턱, 닭의 부리를 가진 것으로 묘사됩니다. 깃털은 다섯 가지 색을 내는 것으로 알려져 있는데, 전통적인 색상인 오방색에서 따온 빨강, 파랑, 노랑, 흰색, 검은색을 가졌다고 표현됩니다. 암컷과 수컷의 차이점도 있는데, 수컷인 봉에는 볏이 있지만 암컷인 황에는 볏이 없습니다.

시대에 따라 다양하게 표현된 봉황

봉황은 기린, 용, 거북과 더불어 유교에서 신성시여기는 네 가지 동물인 ‘사령’ 가운데 하나로 꼽히는데, 이 동물들은 모두 유교에서 인간의 최고봉으로 여기는 성인 군주의 덕을 상징합니다. 현대에서도 이 의미를 가져와 국가수반인 대통령을 상징하기도 합니다. 그래서 대통령이 국군의 날과 같은 공식 행사에 참석할 때는 전용차량에 이 ‘봉황 휘장’을 붙이며, 대통령에 대한 경례 시 대통령 예우곡인 ‘봉황’을 연주합니다.

봉황, 주작은 무엇이 다를까?

유교 사상에서 태어난 봉황

유교에서는 날짐승 중의 으뜸인 봉황을 성스러운 인간인 성인에 대응하는 신령스런 동물이라고 보았습니다. 그래서 왕을 상징하는 곳에 많이 사용되었습니다.

종교 혹은 철학

상상의 동물은 동양 3교인 유교, 도교, 불교 그리고 민속신앙 사상을 기반해서 만들어 집니다.

도교 사상에서 태어난 주작

도교에서는 주작을 남쪽을 다스리는 동물로, 삿된 것을 물리치고 사방을 보호해주는 벽사의 상징으로 여겼습니다. 그래서 무덤과 집을 지키는 용도로 많이 그려졌습니다.

두 마리가 한 쌍으로 표현됩니다.

봉황과 주작의 특징

6척의 붉은 새로 표현됩니다.

기린 영귀 응룡

사령

예기에 기록된 상서로운 4마리 동물

함께 등장하는 동물들

봉황과 주작은 다른 상상의 동물들과 함께 등장하여 각자의 역할과 상징을 부여받습니다.

현무 청룡 백호

사신

방위와 계절을 주관하는 4마리 동물

낮과 밤의 경계를 만드는 동물, 금계

닭은 현실에서도 볼 수 있는 동물이지만, 한편으로는 상서로운 동물로 귀하게 여겨지기도 했습니다. 옛날 사람들은 닭이 동이 트는 것을 울음소리로 알려주기 때문에 어둠을 쫓는 존재이자 밤과 새벽을 나누는 신비로운 동물이라고 믿었습니다. 여기에 태양의 새라는 의미가 더해져 금계 또는 황계라는 상상의 존재가 만들어진 것으로 보입니다.

상징

금계는 낮과 밤의 경계를 만들고, 밤을 무서워하는 악귀를 몰아내는 동물로 알려져 있습니다. 닭의 머리 위에 있는 살점을 '벼슬'이라고 부르는데, 나랏일을 맡아 다스리는 자리도 '벼슬'이라고 부릅니다. 그래서 우리 조상들은 닭의 볏과 비슷하게 생긴 맨드라미와 닭을 함께 그려 출세를 기원하기도 했습니다.

닭과 우리 문화

닭은 우리 민족이 일찍부터 길러 온 가축으로 긴 역사만큼 닭에 관련된 다양한 이야기와 풍속들이 있습니다. 한쪽 다리를 들고 서로 밀치며 노는 닭싸움과, 전통 혼례를 치를 때 보자기에 싸서 예상에 올려진 닭이 대표적입니다. 또한 닭의 피에는 영묘함이 있다고 믿어 귀신을 물리치기 위한 재료로 사용되기도 하였습니다.

사람을 잡아 먹는 새, 호문조

조선후기 실학자 이덕무(1741~1793)의 저서 『청장관전서』에는 섬에 숨어 있다가 사람을 잡아먹는 호문조가 등장합니다. 귀가 밝기 때문에 호문조가 사는 곳을 지나는 뱃사공들은 동행자들에게 숨을 죽이고 말하지 말라고 주의한 다음 그물과 몸을 덮고 엎드려서 그곳을 지나다녔다고 합니다. 이 새는 온몸에 호랑이 무늬를 가지고 있고, 다리가 붉다고 전해집니다.

호문조의 크기와 습성

사람을 잡아먹는 새는 얼마나 클까요? 머리가 장독대만 하다고 했으니, 몸은 사람의 몇 배는 크다고 전해집니다. 사는 곳은 서해안 나주 남쪽의 홍의도 근처의 무인도로, 쉴 때에는 섬에 몸을 숨겨서 휴식을 취하다가 바다 위를 날아다닌다고 합니다.

사람을 잡아 먹는 새

호문조는 듣는 재주가 뛰어난 반면, 눈으로 보거나 코로 냄새를 맡는 재주는 별로 좋지 않아서 사람이 그물이나 멍석 같은 것으로 몸을 가린 채로 말하지 않고 가만히 조용히 있으면, 가까이에 있어도 알아채지 못하는 것으로 묘사됩니다. 그렇지만, 일단 소리를 듣고 알아채기 시작하면 사람을 해치고, 사람 맛을 보면 자주 공격한다고 합니다.

희망과 믿음의 상징, 파랑새

청년, 청춘이라는 단어에서 볼 수 있듯, 우리나라에서 청색, 즉 푸른색은 젊음, 기쁨, 희망 등을 상징하는 색이었습니다. 파랑새는 이렇게 푸르른 희망을 상징하는 새로 쓰였습니다. 우리나라뿐만 아니라, 벨기에 문학가 마테를링크가 쓴 『파랑새』에도 파랑새는 우리 가까이에 있는 행복을 상징하는 새로 나옵니다. 이처럼 파랑새는 동서양을 막론하고 행복과 희망 등 좋은 것을 상징하는 길조로 여겨졌습니다.

민화에 나타난 파랑새

도교에는 신선이 사는 곤륜산 왼편에 '요지'라는 연못이 있는데, 이 곳에는 여자 신선의 최고 우두머리인 '서왕모'가 산다고 합니다. 이 서왕모의 시중을 들고 소식을 전하던 새가 바로 파랑새로, 이 때문에 파랑새가 우는 곳에는 서왕모가 방문한다는 전설이 있습니다. 이후 파랑새가 나타나는 것은 서왕모가 그 곳으로 가겠다고 약속한 것이라고 여겨 파랑새는 약속과 믿음의 상징이 되었고, 나아가 힘든 현실 속에 가지는 희망과 행복을 상징하게 되었습니다. 그래서 조선 후기 문자도 가운데 믿음을 의미하는 '신'자에는 대부분 파랑새가 등장합니다.

관세음보살과 파랑새

한국 불교 전설에서는 관음보살의 현화로 파랑새가 등장하는 경우가 있는데, 그 사례가 바로 전북 부안군에 위치한 천년고찰인 내소사의 창건 설화입니다. 내소사를 지을 당시 법당 단청과 벽화를 그릴 사람을 찾지 못하였는데, 어느 날 한 노인이 나타나 100일 동안 그림을 그려줄 것을 약속하면서 100일 동안 아무도 들어오지 말아 달라는 부탁을 했습니다. 이후 여러 날이 지나도 안에 기척이 없어서 이를 이상하게 여긴 이 절의 불제자가 노인과 약속한 지 99일째 되는 날 문틈으로 들여다보았는데, 놀랍게 파랑새가 붓을 들고 그림을 그리고 있었다고 합니다. 하지만 자신을 훔쳐보고 있다는 걸 알아챈 파랑새가 법당 벽화를 완성하지 못하고 날아가 버렸다고 합니다. 이처럼 불교에서는 파랑새가 관음보살의 현화로 나타나기 때문에 불화에 종종 등장합니다.

한국 상상의 동물들

하늘편

1쇄 발행	2025년 2월 28일

발행일	2025년 2월 28일
지은이	이혜리
감수	이원준
편집, 디자인	이혜리
발행처	Atelier H
출판등록	2014년 10월 7일 제2024-000027호
이메일	i.scenecreator@gmail.com
인스타그램	@pb_illust
홈페이지	https://www.hyelilee.com/
ISBN 번호	979-11-990080-0-7 07380
정가	23,000원

본 책에는 네이버에서 제공한 나눔바른고딕OTF와 Jamo Typeface의 Diphylleia가 적용되어 있습니다.